Dieses Buch gehört:

Plätzchen & Co.

Rezepte, Tipps und Tricks für kleine & große Maus-Fans

ZABERT
SANDMANN

Auf die Plätzchen, fertig, los …

Lebkuchenpferd, Quittenstern, Walnuss-Cookie, Schokoladenherz, Vanillebrezel oder Spitzbube – welches Plätzchen schmeckt am besten? Wer es genau wissen will, probiert am besten alle einmal. Denn das Backen ist gar nicht schwer, wie die Rezepte in diesem Buch beweisen. Und das Allerbeste: Nicht nur zur Advents- und Weihnachtszeit, auch bei einer Geburtstagsparty oder beim Picknick sind die süßen Snacks immer willkommen!

Inhalt

Wer knackt die Nuss?

Haselnüsse, Walnüsse, Kokosnüsse, Mandeln oder Pistazien – fast alle
haben eine ziemlich harte Schale. Und das ist gut so! Denn die harte
Schale bewahrt die Nusskerne davor zu verderben. Nüsse können so ohne
Konservierungsstoffe nahezu unbegrenzt gelagert werden. Daher gehören
sie seit Urzeiten zur Nahrung aller Völker. Und wenn man Nüsse essen
will, muss man sie nur knacken – kochen muss man sie nicht. Kann
man aber: Schon immer wurden aus Nüssen Suppen gekocht, Brote und
Kuchen gebacken oder Süßigkeiten hergestellt. Vor allem für die Zucker-
bäckerei sind Nüsse, wie z. B. Haselnüsse oder Mandeln, fast so wichtig
wie Zucker und Eier. Denn was wäre Marzipan ohne Mandeln und was
wären Haselnussmakronen ohne Haselnüsse? Übrigens: Nüsse sind
gesund. Von Fetten über Eiweiße bis zu Mineralstoffen und Vitaminen
ist in ihnen fast alles enthalten, was unser
Körper und vor allem unser
Gehirn braucht!

Plätzchenbackstube

Plätzchen für das ganze Jahr

Als Zucker und Gewürze noch fast so wertvoll waren wie Gold und Edelsteine, gab es Plätzchen nur in der Weihnachtszeit. Nachdem seit der Mitte des 19. Jahrhunderts Zucker und Gewürze für jedermann erschwinglich waren, wurden die süßen Teilchen das ganze Jahr hindurch gegessen. Von jeher gelten Plätzchen aber als etwas ganz Besonderes und Kostbares und werden daher auch gerne verschenkt.

Besonders schön verziert

Typisch für Plätzchen, die in der Advents- und Weihnachtszeit gebacken werden, sind Gewürze und besonders schöne Verzierungen. Früher wurden die fein gewürzten, süßen Teige mit kunstvollen Holzformen modelliert, dann gebacken, bunt bemalt oder sogar vergoldet. Heute werden Plätzchen nicht mehr ganz so aufwändig verziert. Vor allem bieten sich dazu ganze oder gehackte Nüsse, wie z. B. Haselnüsse, Mandeln, Pistazien und Kokosnüsse, oder bunte Perlen und Streusel an (siehe Foto rechts), die man mit verschiedenen Glasuren festklebt.

Verschiedene Glasuren

Für eine Zitronenglasur verrührt man 200 g Puderzucker mit dem Saft von 1 Zitrone (etwa 100 ml), sodass ein dickflüssiger Guss entsteht. Genauso kann man natürlich mit der gleichen Menge Orangensaft eine Orangenglasur zubereiten. Und wer z. B. eine rosafarbene Glasur möchte, mischt in die Glasur einfach noch 1 TL Kirschsaft oder Rote-Bete-Saft. Die Plätzchen kann man dann mit einem Backpinsel entweder im Ganzen, zur Hälfte, im Streifen- oder Zickzackmuster mit der Glasur bestreichen.

Für eine Schokoglasur verwendet man entweder eine bereits fertige Glasur, die je nach Packungsanweisung im Wasserbad oder im Mikrowellenherd geschmolzen wird. Diese Glasuren gibt es in verschiedenen Geschmacksrichtungen zu kaufen, z. B. auch als Haselnussglasur. Oder man lässt Kuvertüre im heißen Wasserbad schmelzen: Die Kuvertüre mit einem Messer grob zerkleinern und zwei Drittel davon in eine Metallschüssel füllen. Die Schüssel in einen zur Hälfte mit Wasser gefüllten Topf setzen und das Wasser auf kleinster Stufe zum Kochen bringen. Die

Kuvertüre dabei immer mit einem Teig-schaber umrühren, bis sie sich auf-gelöst hat. Dann die Metallschüssel aus dem Wasserbad nehmen und das übrige Drittel zerkleinerter Kuvertüre unterrühren und darin auflösen. **Kuvertüre** ist übrigens eine besondere Schokolade, die mehr Kakaobutter ent-hält als herkömmliche Schokolade. Daher lässt sie sich sehr gut schmelzen und beim Verzieren gut verstreichen.

Übrigens...

Das Wort »Plätzchen« kommt tatsächlich von »Platz«. Das Wort be-deutet seit dem 15. Jahr-hundert sowohl »breite öffentliche Straße« als auch »flach geformter Kuchen«.

So macht man Teige

Lebkuchenteig

Lebkuchen können auf unterschied-
liche Weise zubereitet werden. Der
traditionelle Teig ist der Honigteig.
Dazu werden Honig und Zucker zusammen geschmolzen, danach Mehl,
Nüsse und Gewürze untergeknetet.
Aus dem ausgerollten Teig kann man
dann Figuren oder Rechtecke ausschneiden. Manche Lebkuchenteige
enthalten auch Eier und Fett. Sie werden wie feste Rührteige verarbeitet,
auf das Blech gestrichen und nach
dem Backen in Rechtecke geschnitten.

Eiweißteig

Für Makronen u. Ä. wird ein so genann-
ter Eiweißteig zubereitet. Dafür gibt
man das Eiweiß in eine Rührschüssel
und schlägt es mit den Quirlen des
Rührgeräts sehr steif. So schlägt man
Luft hinein, damit das Gebäck locker
wird. Erst dann lässt man den Zucker
nach und nach hineinrieseln. Er be-
wirkt, dass der Eischnee beim Backen
nicht wieder zusammenfällt. Zum
Schluss werden alle übrigen Zutaten,
wie z. B. Nüsse oder Kokosflocken,
untergehoben.

Mürbteig

Der klassische Teig für Plätzchen aller Art ist der Mürbteig. Er enthält im Gegensatz zum Eiweißteig viel Butter, weshalb man ihn auch immer schön kühl halten muss. Verarbeitet man ihn zu warm, wird er weich und klebrig und lässt sich nur noch schwer ausrollen und ausstechen.

Zutaten auf einen Haufen

Zunächst gibt man alle Zutaten auf die saubere Arbeitsplatte: Das Mehl aufhäufen und in die Mitte mit einem Esslöffel eine Mulde drücken. Ei(er), Zucker und Vanillezucker in die Mulde geben (siehe rechts). Die kalte Butter in Stückchen auf den Mehlrand legen.

Gut durchhacken und kneten

Dann hackt man alles mit einem großen Messer so lange durch, bis die Zutaten schön bröselig sind. Die Bröselmasse verknetet man mit den Händen schnell zu einem glatten Teig – aber nicht zu lange, sonst wird der Teig zu klebrig. Der Teig soll vor dem Ausrollen noch im Kühlschrank ruhen, dazu wird er in Klarsichtfolie verpackt und mindestens 30 Minuten kühl gestellt.

Mürbteig kneten – so wird's gemacht:

1. In das Mehl eine Mulde drücken und die Eier hineingeben.

2. Mit einem großen Messer alle Zutaten bröselig hacken.

3. Dann rasch mit den Händen zu einem glatten Teig verkneten.

Spitzbuben

**Für etwa 30 Plätzchen
braucht man:**

350 g Mehl

180 g Zucker

1 Päckchen Vanillezucker

125 g geriebene Mandeln

250 g Butter

Zum Verzieren:

Hägenmark (Hagebuttenmark bzw.

Hagebuttenmarmelade)

100 g Zucker oder Vanillezucker

1. Das Mehl auf die Arbeitsplatte häufen. Mit einem Esslöffel eine Mulde hineindrücken. Den Zucker, den Vanillezucker und die Mandeln in die Mulde geben. Die Butter in kleinen Stücken rundherum auf dem Mehl verteilen.

2. Mit einem großen Messer die Zutaten gut durchhacken, bis alles schön bröselig ist. Dann rasch mit gewaschenen (!) Händen zu einem Teig verkneten. Den Teig zu einer Kugel formen, in eine Schüssel geben und mit Klarsichtfolie abgedeckt etwa 1 Stunde in den Kühlschrank stellen.

3. Den Backofen auf 175 Grad (Umluft 160 Grad) vorheizen. Etwas Mehl auf den Teig und die Arbeitsplatte streuen und den Teig mit dem bemehlten Nudelholz etwa 5 Millimeter dick ausrollen.

4. Mit runden Plätzchenausstechern oder kleinen Gläsern Plätzchen ausstechen und auf ein mit Backpapier ausgelegtes Blech setzen.

5. Das Blech (mit Topfhandschuhen!) auf die mittlere Schiene im Backofen schieben und die Plätzchen etwa 15 Minuten backen. Herausnehmen und abkühlen lassen.

6. Die eine Hälfte der Plätzchen mit Hägenmark bestreichen. Die anderen Plätzchen darauf setzen. Dann die zusammengesetzten Spitzbuben in Zucker oder Vanillezucker wenden.

● Für selbst gemachten **Vanillezucker** mit einem Messer das Mark aus einer Vanilleschote kratzen und mit etwa 50 g Zucker gut vermischen. Zu kaufen gibt es Vanillezucker mit echter Vanille und Vanillinzucker mit künstlichem Aroma – zum Backen kann man je nach Belieben beides verwenden.

Und so kann man die Spitz- buben verändern:

● Man kann auch drei Plätzchen auf- einander kleben oder Himbeer- oder Aprikosenmarmelade verwenden.

● Man kann in die oberen Plätzchen vor dem Backen ein Muster schneiden, sodass man die Marmelade sieht.

● Man kann die Spitzbuben auf einer Seite mit Zitronenglasur bestreichen.

Übrigens...

Hagebuttenmark kann man auch selbst machen: 500 g gehackte, entkernte Hage- butten mit $1/8$ l Wasser 5 Minuten kochen, 300 g Zucker dazugeben, wieder 5 Minuten kochen. Dann gut püriert in Gläser füllen.

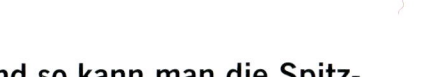

Schwarz-Weiß-Schnecken

Für etwa 40 Plätzchen braucht man:

250 g Mehl • 1 Ei • 100 g Zucker

1 Päckchen Vanillezucker

$^1/_2$ Päckchen Backpulver

150 g Butter

Für den dunklen Teig:

1 EL Kakaopulver • 1 EL Zucker

1. Das Mehl auf die Arbeitsplatte häufen und mit einem Esslöffel in die Mitte eine große Mulde drücken. Das Ei über einer Tasse aufschlagen und in die Mulde gleiten lassen.

2. Den Zucker, den Vanillezucker und das Backpulver ebenfalls in die Mulde geben. Die Butter in kleine Stücke schneiden und rundherum auf dem Mehl verteilen.

3. Mit einem großen Messer die Zutaten gut durchhacken, bis alles schön bröselig ist. Dann rasch mit gewaschenen (!) Händen zu einem Teig kneten.

4. Den Teig in drei Teile teilen. Für den dunklen Teig ein Teigdrittel mit Kakaopulver und Zucker verkneten (siehe rechts). Alle Teigdrittel jeweils zu einer Kugel formen, mit Klarsichtfolie abdecken und etwa 30 Minuten in den Kühlschrank stellen.

5. Die Arbeitsplatte mit etwas Mehl bestreuen. Die beiden hellen Teigdrittel mit etwas Mehl bestreuen und mit dem Nudelholz zu rechteckigen Platten ausrollen. Den dunklen Teig ebenfalls zu einem Rechteck ausrollen.

6. Die erste helle Teigplatte auf ein bemehltes Tablett legen. Dann die dunkle Teigplatte und zum Schluss die zweite helle Teigplatte darauf setzen.

7. Das dreifache Teigplatten-Rechteck halbieren, jede Hälfte zu einer Rolle eng aufrollen (siehe rechts). Die Teigenden gut andrücken, damit die Rollen nicht aufspringen. Die Rollen mit Klarsichtfolie abgedeckt nochmals 30 Minuten kühl stellen.

8. Den Backofen auf 160 Grad (Umluft 150 Grad) vorheizen. Von jeder Teigrolle 5 Millimeter dicke Scheiben abschneiden und auf ein mit Backpapier ausgelegtes Blech setzen. Falls nötig, zwischendrin das Messer abwaschen.

9. Das Blech (mit Topfhandschuhen!) auf die mittlere Schiene im Backofen schieben und die Schnecken etwa 15 bis 20 Minuten hell backen.

● Falls der Teig klebrig ist, die Teigplatten unter Folie ausrollen (siehe rechts).

Schnecken – so wird's gemacht:

1. Ein Teigdrittel mit Kakaopulver und Zucker verkneten.

2. Die 3 Teigplatten abwechselnd übereinander legen.

3. Jede Teighälfte zu einer Rolle drehen, Enden gut andrücken.

Kokosplätzchen

Für etwa 40 Plätzchen braucht man:

2 Eier

180 g Zucker

250 g Kokosraspel

Saft von $\frac{1}{2}$ Zitrone

40 Backoblaten

Zum Verzieren:

100 g Vollmilchkuvertüre

1. Die Eier über einer Tasse aufschlagen und in eine Rührschüssel gleiten lassen.

2. Den Zucker dazugeben und zusammen mit den Eiern mit den Quirlen des Rührgeräts schaumig schlagen.

3. Die Kokosraspel dazugeben und mit einem Löffel unter das Eier-Zucker-Gemisch rühren.

4. Den Backofen auf 160 Grad (Umluft 150 Grad) vorheizen. Den Zitronensaft unter den Teig mischen.

5. Die Oblaten nebeneinander auf ein Backblech legen. Mit zwei Teelöffeln kleine Teighäufchen auf die Oblaten setzen und mit den Fingern etwas andrücken.

6. Das Blech (mit Topfhandschuhen!) auf die mittlere Schiene im Backofen schieben und die Kokosplätzchen 10 bis 15 Minuten backen.

7. Zum Verzieren die Kuvertüre im heißen Wasserbad schmelzen lassen (siehe S. 6). Die abgekühlten Kokosplätzchen mit der Spitze in die Kuvertüre tauchen. Oder mit einem Pinsel etwas Kuvertüre auf die Spitze der Plätzchen tupfen.

Und so kann man die Kokos- plätzchen verändern:

● Man kann auch noch 50 g getrock- nete Aprikosen oder Datteln ganz klein schneiden und unter den Teig mischen.

● Man kann die Kokosplätzchen auch auf einem mit Backpapier ausgelegten Blech ohne Oblaten backen.

● Man kann die Kokosplätzchen auch mit dunkler Kuvertüre bestreichen.

Übrigens...

Hier werden fertige Kokos- raspel verwendet. Will man mal eine ganze Kokosnuss kaufen, sollte man sie fest schütteln. Denn nur wenn noch Flüssigkeit darin ist, ist sie frisch und schmeckt!

Schokoladenherzen

Für etwa 40 Plätzchen braucht man:

2 Eiweiß • 1 Prise Salz

150 g Zucker

300 g geriebene Mandeln

100 g geriebene Schokolade

¹/₂ TL Zimtpulver

Zum Verzieren:

je 100 g weiße und dunkle Kuvertüre

50 g gehackte Pistazienkerne

1. Das Eiweiß mit Salz in eine große Rührschüssel geben. Mit den Quirlen des Rührgeräts steif schlagen, dann den Zucker nach und nach einrieseln lassen. So lange weiterschlagen, bis sich der Zucker vollständig aufgelöst hat, das dauert etwa 3 bis 5 Minuten.

2. Die Mandeln und die Schokolade mit einem Löffel unter das Eiweiß rühren. Das Zimtpulver untermischen. Zum Schluss den Teig mit gewaschenen (!) Händen zu einer Kugel formen.

3. Den Backofen auf 160 Grad (Umluft 150 Grad) vorheizen. Etwas Mehl auf die Arbeitsplatte streuen. Den Teig mit dem bemehlten Nudelholz etwa 5 Millimeter dick ausrollen.

4. Mit einem Plätzchenausstecher Herzen ausstechen und auf ein mit Backpapier ausgelegtes Blech setzen. Aus dem Teig so lange Herzen ausstechen, bis der Teig verbraucht ist.

5. Das Blech (mit Topfhandschuhen!) auf die mittlere Schiene im Backofen schieben und die Plätzchen etwa 15 Minuten backen.

6. Zum Verzieren die beiden Kuvertüren im heißen Wasserbad getrennt schmelzen lassen (siehe S. 6). Jedes Herz mit einem Backpinsel jeweils zur Hälfte mit weißer und zur Hälfte mit dunkler Kuvertüre bestreichen. Oder die eine Hälfte der Herzen mit weißer, die andere Hälfte mit dunkler Kuvertüre bepinseln. In die Mitte oder am Rand entlang ein paar gehackte Pistazienkerne streuen.

● Übriges Eigelb kann man z. B. für Buchstabengebäck (siehe S. 20) weiterverwenden.

Übrigens...

Wird Zucker oder Puderzucker in das Eiweiß gerührt, sollte er nicht zu früh dazugegeben werden, weil sich sonst kein Schaum bilden kann. Da kann man noch so kräftig rühren!

Mandelmonde

Für etwa 60 Plätzchen braucht man:

2 Eiweiß

1 unbehandelte Zitrone

400 g geriebene Mandeln

350 g Zucker

Zum Verzieren:

150 g Puderzucker

Saft von $1/2$ Zitrone

1. Das Eiweiß in einen großen Mixbecher oder in eine Rührschüssel geben.

2. Die Zitrone sorgfältig waschen, abtrocknen und die oberste Schicht der Schale vorsichtig mit einer feinen Reibe in das Eiweiß reiben. Danach die Zitrone halbieren und auspressen, den Saft in ein Glas geben.

3. Mit den Quirlen des Rührgeräts das Eiweiß steif schlagen. Während des Schlagens nach und nach den Zitronensaft dazugießen.

4. Mandeln und Zucker in einer großen Rührschüssel mischen und das Eiweiß dazugeben. Alles zuerst mit einem Löffel, dann mit den Händen vermischen, bis ein fester Teig entsteht.

5. Etwas Mehl auf die Arbeitsplatte streuen. Den Teig mit dem Nudelholz etwa 1 Zentimeter dick ausrollen. Dabei zwischen Teig und Nudelholz eine Klarsichtfolie legen, damit der Teig nicht klebt oder reißt.

6. Die Folie abziehen und mit einem Plätzchenausstecher Monde ausstechen. Aus dem restlichen Teig so lange Monde ausstechen, bis der Teig verbraucht ist. Die Monde auf ein mit Backpapier ausgelegtes Blech setzen.

7. Die Monde einige Stunden oder am besten über Nacht trocknen lassen. Das Blech auf die mittlere Schiene im nicht vorgeheizten Backofen schieben und bei 150 Grad (Umluft 140 Grad) 10 bis 15 Minuten hell backen.

8. Zum Verzieren den Puderzucker mit dem Zitronensaft in einer Schüssel verrühren.

9. Mit einem Messer den Zitronenguss auf die Mandelmonde streichen. Die Monde im ausgeschalteten, noch warmen Backofen trocknen lassen, bis der Guss fest ist.

● Man kann übriges Eigelb für andere Plätzchen verwenden (siehe S. 20).

So bekommt man zu harte Plätzchen weich:

Nach dem Abkühlen trocknen manche Plätzchensorten aus und werden hart. Einerseits gut, denn trocken halten sie länger. Andererseits kann man sie dann oft kaum kauen. Harte Plätzchen werden wieder weich, wenn man sie 2 Tage mit 2 Apfelschnitzen in eine gut verschließbare Blechdose füllt. Danach die Äpfel wieder entfernen.

Übrigens...

Damit kein Teig am Plätzchenausstecher hängen bleibt, das Förmchen zwischendurch immer wieder mit kaltem Wasser abwaschen – so geht das Ausstechen viel leichter.

Buchstabengebäck

Für etwa 60 Plätzchen braucht man:

400 g Mehl

6 Eigelb

150 g Puderzucker

abgeriebene Schale von

$\frac{1}{2}$ unbehandelten Zitrone

200 g Butter

Zum Verzieren:

2 Eigelb

bunte Zuckerstreusel

1. Das Mehl auf die Arbeitsplatte häufen. Mit einem Esslöffel eine Mulde hineindrücken. Das Eigelb in die Mehlmulde gleiten lassen.

2. Den Puderzucker darüber streuen und die abgeriebene Zitronenschale dazugeben. Die Butter in kleinen Stücken auf dem Mehlrand verteilen.

3. Mit einem großen Messer die Zutaten durchhacken, bis alles bröselig ist. Dann die Masse mit gewaschenen (!) Händen zu einem Teig verkneten.

4. Den Teig zu einer Kugel geformt in eine Schüssel geben, mit Klarsichtfolie abdecken und 1 Stunde kühl stellen.

5. Die Hände mit etwas Mehl abreiben und aus dem Teig lange, dünne Rollen drehen. Die Rollen in kleine Stücke teilen, Buchstaben daraus formen und auf ein mit Backpapier ausgelegtes Blech setzen.

6. Den Backofen auf 180 Grad (Umluft 160 Grad) vorheizen. Das Eigelb in einer Tasse verrühren und die Buchstaben damit bestreichen. Die Zuckerstreusel darauf streuen.

7. Das Blech (mit Topfhandschuhen!) auf die mittlere Schiene im Backofen schieben und die Buchstaben 15 bis 20 Minuten goldgelb backen.

● Übriges Eiweiß für Schokoladenherzen (siehe S. 16) oder Mandelmonde (siehe S. 18) verwenden.

● Übriges Eiweiß für Schokoladenherzen (siehe S. 16) oder Mandelmonde (siehe S. 18) verwenden.

Und so kann man das Buchstabengebäck verändern:

● Man kann Bänder an die Buchstaben knüpfen und sie an den Weihnachtsbaum oder an eine Girlande hängen.

● Man kann bei einer Party mit den Buchstaben die Namen der Gäste schreiben und sie so als Tischkarten auf die jeweiligen Teller legen.

Übrigens...

Zitronensaft besitzt einen sehr hohen Säuregehalt und ist daher ideal als Bindemittel für Glasuren und Teige. Zitronenschale liefert das duftende ätherische Zitronenöl, das nicht nur Gebäck einen besonders feinen und frischen Geschmack verleiht. Schale und Saft sind daher unverzichtbare Backzutaten. Aber Achtung: Zum Abreiben der Schale immer nur unbehandelte Zitronen verwenden!

Walnuss-Cookies

Für etwa 60 Plätzchen braucht man:

170 g weiche Butter

1 Ei

je 100 g weißen und braunen Zucker

1 TL Vanillezucker

1 TL Zimtpulver

200 g Mehl

1 TL Backpulver

100 g feine Haferflocken

75 g fein gehackte Walnusskerne

75 g Schokotröpfchen

100 ml Milch

Zum Verzieren:

50 g Walnusskerne

1. Die Butter in eine große Schüssel geben. Das Ei über der Schüssel aufschlagen und hineingleiten lassen.

2. Die beiden Zuckersorten dazugeben und alles mit den Quirlen des Rührgeräts schaumig schlagen.

3. Den Vanillezucker und das Zimtpulver dazugeben und unterrühren.

4. Das Mehl mit dem Backpulver, den Haferflocken, den gehackten Walnusskernen und den Schokotröpfchen in einer Schüssel vermischen, dann mit einem Löffel unter das Butter-Zucker-Gemisch rühren.

5. Die Milch dazugießen und alles gut miteinander vermischen.

6. Den Backofen auf 175 Grad (Umluft 160 Grad) vorheizen. Ein Backblech mit Backpapier auslegen.

7. Mit gewaschenen (!) Händen aus dem Teig kleine Kugeln formen und auf das Blech setzen. Mit dem Daumen eine Vertiefung in jede Kugel drücken und ein Stückchen Walnusskern hineinsetzen.

8. Das Blech (mit Topfhandschuhen!) auf die mittlere Schiene im Backofen schieben und die Cookies etwa 25 Minuten backen.

Und das kann man noch mit den Walnuss-Cookies machen:

● Man kann auch 150 g Schokotröpfchen in den Cookies-Teig mischen.

● Man kann die Cookies vor dem Backen mit einer **Eiweißglasur** verzieren: 2 Eiweiß mit 1 Prise Salz und 125 g Puderzucker mit den Quirlen des Rührgeräts steif schlagen. Mit einem Teelöffel auf jedes Cookie ein weißes Häubchen setzen.

Übrigens...

Der Walnussbaum galt im Altertum als königlicher und göttlicher Baum. Seine großen (wal = groß) Nüsse schmecken frisch geerntet am besten, doch im Trockenen aufbewahrt halten sie sich fast übers ganze Jahr.

Lebkuchentiere

Für etwa 40 Plätzchen braucht man:

je 40 g Orangeat und Zitronat

100 g geriebene Mandeln

50 g gehackte Mandeln

abgeriebene Schale von

$^1/_2$ unbehandelten Zitrone

5 g Lebkuchengewürz (1 Päckchen)

250 g Honig • 125 g Zucker

250 g Mehl • $^1/_2$ TL Pottasche

Zum Verzieren:

200 g Puderzucker

Saft von $^1/_2$ Zitrone

50 g geschälte ganze Mandeln

Zuckerperlen und -streusel

1. Das Orangeat und Zitronat sehr fein hacken. Mit den Mandeln in eine Schüssel geben, Zitronenschale und Lebkuchengewürz untermengen.

2. Den Honig und den Zucker in einen Topf geben und unter Rühren auf mittlerer Stufe schmelzen, dann von der Herdplatte nehmen und etwas abkühlen lassen.

3. Das flüssige Zucker-Honig-Gemisch über die Mandel-Zitrus-Mischung gießen und alles gut mit einem Löffel durchmischen, dann etwas abkühlen lassen.

Super-Maus-Rezept

4. Das Mehl mit der Pottasche in einer Schüssel vermischen. Die Mehlmischung zur Honig-Gewürz-Mischung geben und mit gewaschenen (!) Händen zu einem Teig verkneten.

5. Den Teig auf der bemehlten Arbeitsplatte etwa 5 Millimeter dick mit dem bemehlten Nudelholz ausrollen.

6. Mit einem Messer oder mit Plätzchenausstechern Lebkuchentiere ausschneiden bzw. ausstechen.

7. Die Lebkuchentiere auf ein mit Backpapier ausgelegtes Blech setzen und einige Stunden trocknen lassen.

8. Dann den Backofen auf 160 Grad (Umluft 150 Grad) vorheizen und das Blech (mit Topfhandschuhen!) auf die mittlere Schiene schieben. Die Lebkuchentiere etwa 20 Minuten backen.

9. Puderzucker mit Zitronensaft in einer kleinen Schüssel verrühren und die abgekühlten Lebkuchen damit bestreichen. Mit Mandeln und bunten Zuckerperlen und -streuseln verzieren.

● Die Lebkuchen nach dem Backen zum Weichwerden mit 2 Apfelschnitzen ein paar Tage in eine Blechdose legen.

● Das Zitronat und Orangeat kann man auch mit dem Blitzhacker oder in einem Küchenmixer klein hacken.

Pistazienblumen

 Für etwa 50 Plätzchen braucht man:

250 g Mehl • 1 Ei • 2 Eigelb

60 g Zucker • 125 g Butter

Zum Verzieren:

2 Eiweiß • 150 g Puderzucker

150 g geriebene Haselnüsse

50 g geriebene Pistazienkerne

$1/_2$ TL Zimtpulver

1–2 TL Zitronensaft

1. Das Mehl auf die Arbeitsplatte häufen. Mit einem Esslöffel eine Mulde hineindrücken. Das Ei und die zwei Eigelb in die Mulde gleiten lassen.

2. Den Zucker ebenfalls in die Mulde geben. Die Butter in kleinen Stücken auf dem Mehlrand verteilen.

3. Mit einem großen Messer alles gut durchhacken und mit gewaschenen (!) Händen zu einem Teig kneten.

4. Den Teig zu einer Kugel formen und mit Klarsichtfolie abgedeckt etwa 30 Minuten kühl stellen.

5. Zum Verzieren mit den Quirlen des Rührgeräts das Eiweiß steif schlagen. Den Puderzucker hinzufügen und noch etwas weiterschlagen. Dann die Haselnüsse und etwa 35 bis 40 g der geriebenen Pistazien (Rest aufheben) sowie Zimtpulver und Zitronensaft mit einem Löffel unter den Eischnee rühren.

6. Dann den Backofen auf 175 Grad (Umluft 160 Grad) vorheizen. Auf der bemehlten Arbeitsplatte den Teig etwa 5 Millimeter dick mit dem bemehlten Nudelholz ausrollen. Mit runden oder gezackten Förmchen kleine Plätzchen ausstechen und auf ein mit Backpapier ausgelegtes Blech setzen.

7. Mit einem Teelöffel auf die Plätzchen etwas Pistazien-Haselnuss-Masse setzen, jedoch nicht glatt streichen. Dann über die Nussmasse noch ein paar geriebene Pistazien streuen.

8. Das Blech (mit Topfhandschuhen!) auf die mittlere Schiene im Backofen schieben und die Pistazienblumen in etwa 15 Minuten hellgelb backen.

Vanillebrezeln

Für etwa 40 Plätzchen braucht man:

250 g Mehl • Salz

2 Eier • 120 g Zucker

1 Päckchen Vanillezucker

125 g Butter

Zum Verzieren:

150 g Puderzucker

1 Päckchen Vanillezucker

4 EL Zitronensaft

1. Das Mehl auf die Arbeitsplatte häufen. Mit einem Esslöffel eine Mulde hineindrücken. 1 Prise Salz dazugeben. Die Eier über einer Tasse aufschlagen und in die Mulde gleiten lassen. Den Zucker und den Vanillezucker ebenfalls in die Mulde geben.

2. Die Butter in kleinen Stücken auf dem Mehlrand verteilen. Mit einem großen Messer alles gut durchhacken, dann mit gewaschenen (!) Händen zu einem glatten Teig kneten.

3. Den Teig zu einer Kugel formen, mit Klarsichtfolie abdecken und 1 Stunde in den Kühlschrank stellen.

4. Den Backofen auf 160 Grad (Umluft 150 Grad) vorheizen. Das Backblech mit Backpapier auslegen.

5. Den Teig auf der bemehlten Arbeitsplatte zu einer Rolle formen, kleine Stücke abschneiden und mit bemehlten Händen zu dünnen Stangen (etwa 25 Zentimeter lang) rollen. Diese zu kleinen Brezeln schlingen (siehe rechts) und auf das Blech setzen.

6. Das Blech (mit Topfhandschuhen!) auf die mittlere Schiene im Backofen schieben und die Vanillebrezeln etwa 20 Minuten hellgelb backen.

7. Zum Verzieren den Puderzucker mit dem Vanillezucker, 2 EL Wasser und dem Zitronensaft in einer kleinen Schüssel verrühren.

8. Die Vanillebrezeln noch heiß mit der oberen Seite in den Guss tauchen und im ausgeschalteten, noch warmen Ofen trocknen lassen.

● Man kann die Vanillebrezeln auch vor dem Backen mit Eigelb bestreichen und mit Vanillezucker bestreuen.

Vanillebrezeln – so wird's gemacht:

1. Den ganzen Teig zu einer Rolle formen und in Stücke schneiden.

2. Die Stücke zu 25 cm langen, bleistiftdicken Stangen rollen.

3. Aus jeder Stange eine kleine Brezel schlingen.

Quittensterne

Für etwa 30 Quittensterne braucht man:

1 kg reife Quitten

500–750 g Zucker

Saft von 1 Zitrone

Zum Verzieren:

50–80 g Hagelzucker oder

Kokosraspel

1. Die Quitten waschen und in einen großen Topf geben. 1 Tasse Wasser (150 ml) dazugießen und auf mittlerer Stufe gut 30 Minuten weich kochen.

2. Die Quitten abkühlen lassen, schälen und im Mixer pürieren oder durch ein Sieb passieren – so entsteht das Quittenmark.

3. Das Quittenmark wiegen und die gleiche Menge an Zucker abwiegen.

4. Quittenmark und Zucker in einem Topf vermischen und den Zitronensaft dazugeben. Auf mittlerer Stufe so lange kochen, bis die Masse zu einer dicken Paste wird, das dauert ungefähr 45 bis 60 Minuten. Dabei immer wieder umrühren, damit nichts anbrennt.

5. Die Paste mit einem Teigschaber 1 bis 2 Zentimeter dick auf ein sauberes Backblech streichen. Das Blech mit einem Küchentuch abdecken.

6. Die Paste mehrere Tage bei Zimmertemperatur, am besten an einem warmen Platz, trocknen lassen. Man kann sie auch auf kleinster Stufe 1 Stunde im Backofen vortrocknen lassen.

7. Dann aus der Quittenpaste mit einem Messer oder mit einem Plätzchenausstecher Sterne ausschneiden oder ausstechen. Die Reste mit dem Messer in Würfel schneiden.

8. Die Sterne und die Würfel in Hagelzucker oder Kokosraspel wälzen.

● Falls die Paste am Plätzchenausstecher hängen bleibt, die Ausstecher zwischendurch in kaltes Wasser tauchen.

● Man kann auch ein kleines Stück frischen Ingwer fein reiben und zusammen mit dem Quittenmark kochen.

● Man kann die Quittensterne oder -würfel auch in Kuvertüre tauchen.

Übrigens...

Quitten sind so etwas wie eine Mischung aus Äpfeln und Birnen. Früher waren sie ein Symbol für Glück, Liebe und ein langes Leben in hohem Ansehen. Heute werden sie manchmal als das »vergessene Obst« bezeichnet. Vermutlich weil nur noch wenige einen Quittenbaum im Garten haben. Oder vielleicht auch, weil man nur sehr reife Quitten roh essen kann. Doch gekocht schmecken sie wunderbar aromatisch und verfeinern viele Speisen. Das helle Fruchtfleisch der Quitten verfärbt sich beim Kochen übrigens rötlich.

Rehfüßchen

Für etwa 60 Plätzchen braucht man:

2 Eiweiß • Salz

125 g Puderzucker

200 g Marzipanrohmasse

100 g geschälte geriebene Mandeln

2–3 EL Semmelbrösel

Zum Verzieren:

100 g Vollmilchkuvertüre

1. Das Eiweiß in eine Rührschüssel geben und mit 1 Prise Salz mit den Quirlen des Rührgeräts steif schlagen.

2. Den Puderzucker nach und nach dazugeben und noch weiterschlagen, bis die Masse dickschaumig ist.

3. Mit gewaschenen (!) Händen die Marzipanmasse weich kneten und zerkleinern. Dann mit einem Pürierstab den Eischnee mit dem Marzipan, den Mandeln und den Semmelbröseln gut vermischen.

4. Den Backofen auf 160 Grad (Umluft 150 Grad) vorheizen. Mit zwei Teelöffeln kleine Häufchen auf ein mit Backpapier ausgelegtes Blech setzen.

5. Das Blech (mit Topfhandschuhen!) auf die mittlere Schiene im Backofen schieben und die Rehfüßchen etwa 15 Minuten hellgelb backen.

6. Zum Verzieren die Kuvertüre klein schneiden und im heißen Wasserbad schmelzen lassen (siehe S. 6).

7. Die Rehfüßchen noch warm mit der Unterseite in die flüssige Kuvertüre tauchen, umdrehen und auf einem Backgitter trocknen lassen.

Übrigens...

Marzipan wird von jeher aus Mandeln, Puderzucker und Rosenwasser hergestellt. Der Name kommt vermutlich aus dem Arabischen und rührt von den kleinen Spanschachteln – »mazaban« genannt – her, in die es verpackt wurde.

Schokobrot

Für 1 Blech Schokobrot braucht man:

250 g weiche Butter • 250 g Zucker

6 Eier • 200 g geriebene Schokolade

200 g geriebene Mandeln

150 g Mehl • 1 TL Zimtpulver

Fett für das Blech

Zum Verzieren:

200 g Vollmilchkuvertüre

bunte Zuckerstreusel

1. Die Butter in eine große Rührschüssel geben. Den Zucker hinzufügen.

2. Die Eier über der Schüssel aufschlagen und hineingleiten lassen. Alles zusammen mit den Quirlen des Rührgeräts schaumig schlagen.

3. In einer zweiten Schüssel die Schokolade mit den Mandeln, dem Mehl und dem Zimtpulver vermischen.

4. Die Mehlmischung zum Butter-Eier-Gemisch geben und mit einem Löffel vorsichtig verrühren.

5. Den Backofen auf 180 Grad (Umluft 160 Grad) vorheizen. Ein Backblech mit Fett bestreichen und den Teig mit einem Teigschaber etwa 2 Zentimeter dick auf das Blech streichen.

6. Das Blech (mit Topfhandschuhen!) auf die mittlere Schiene im Backofen schieben und das Schokobrot 20 bis 30 Minuten backen.

7. Zum Verzieren die Kuvertüre zerkleinern und im heißen Wasserbad schmelzen lassen (siehe S. 6). Dann das Schokobrot mit einem Backpinsel dick mit Kuvertüre bestreichen, nach Belieben Zuckerstreusel darauf streuen und abkühlen lassen.

8. Das Schokobrot in fingerlange und 2 Zentimeter breite Streifen schneiden.

Und das kann man noch mit dem Schokobrot machen:

● Man kann statt der geriebenen Mandeln auch geriebene Haselnüsse nehmen.

● Man kann das Schokobrot auch abkühlen lassen und ohne Verzierung in Streifen schneiden. Die Streifen anschließend nach Wunsch mit einer Glasur überziehen und verzieren (siehe S. 6).

Übrigens...

Schokolade selbst auf einer Küchenreibe zu reiben kann ein wenig mühsam sein und dauert auch eine Weile. Wenn die Zeit also knapp ist, kauft man sich am besten schon fertig geriebene Schokolade. Man kann statt der geriebenen Schokolade die gleich Menge reines Kakaopulver verwenden.

Mein Lieblingsrezept:

Schoko*plätzchen

Die Zutaten:

125 g Weizenmehl
1 gestr. TL Backpulver
100 g Zucker
1 Pck. Vanillin-Zucker
1 Ei (Größe M)
125 g Butter
125 g geriebene Zartbitterschokolade
125 g gemalene Mandeln

Und so wird's gemacht:

aus allen mit Knethacken einen Teig kneten.
kalt stellen – ausrollen –
ausstechen
bei 230°C ca. 10 min backen

Basteltipps

Orangensonne

Wer eine Dekoration basteln möchte, die nicht nur schön aussieht, sondern auch noch duftet, der kann aus 1 oder 2 Orangen viele Orangensonnen machen.

1. Die Orangen mit Schale quer in etwa 5 mm dünne Scheiben schneiden und auf ein mit Backpapier ausgelegtes Ofengitter legen.

2. Im Backofen bei 50–70 Grad etwa 2 bis 3 Stunden trocknen lassen. Nach jeweils 30 Minuten die Scheiben wenden.

3. Dünne Schnüre abschneiden, mit einer Nadel durch jede Scheibe ziehen und zusammenknüpfen.

4. Die Orangenscheiben an den Weihnachtsbaum oder ans Fenster hängen oder als Schmuck an einem Plätzchenpaket befestigen.

Plätzchenteller

Zum Anbieten der selbst gemachten Plätzchen eignet sich besonders gut ein Plätzchenteller – für die Weihnachtszeit aus Goldpapier oder aus buntem Tonpapier für die Sommerzeit.

1. Ein 25 x 25 cm großes Papier Ecke auf Ecke zu einem Dreieck falten. Die äußere Ecke noch 2-mal auf Ecke falten, Kanten mit den Fingern nachstreichen.

2. An der Kante, an der sich 8 Papierschichten auffalten lassen, mit der Schere ein größeres Dreieck herausschneiden.

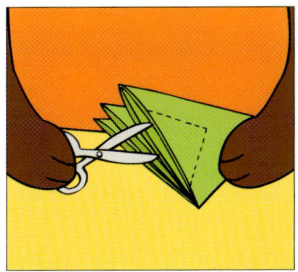

3. Auch an den übrigen beiden Seiten größere oder kleinere Dreiecke einschneiden. Dabei darauf achten, dass die gefalteten Kanten an einigen Stellen noch zusammenhängen.

4. Durch das Auffalten des Papiers ergibt sich ein Stern oder, wenn man die Spitzen abrundet, ein Kreismuster. Einfach auf einen Teller legen und die Plätzchen darauf setzen. Oder als Platzdeckchen verwenden.

Register

Abkürzungsverzeichnis:

EL	= Esslöffel
TL	= Teelöffel
l	= Liter (1000 ml = 1 Liter)
g	= Gramm (1000 g = 1 Kilogramm)
Msp	= Messerspitze

©   Verlag Zabert Sandmann GmbH
München
1. Auflage 2001
ISBN 3-89883-011-X

Rezepte und Texte	Julei M. Habisreutinger
Redaktion	Kathrin Gritschneder, Linda Walz
Redaktionelle Mitarbeit	Siegmund Grewenig, Hilla Stadtbäumer, Jochen A. Rotthaus, Andrea Nagel
Grafische Gestaltung	Georg Feigl, Syndi Ullmann, Julia Wurzer
Zeichnungen	Lightmare GbR, Viola Hövelmann
Coverfoto	FoodPhotography Eising/Susie Eising
Rezeptfotos	Karl Newedel (S. 9 rechts: StockFood Eising/M. Görlach)
Herstellung	Karin Mayer, Peter Karg-Cordes
Lithografie	inteca Media Service GmbH, Rosenheim
Druck/Bindung	Officine Grafiche D^e Agostini, Novara

Besucht uns auch im Internet unter www.zsverlag.de